구석구석 우리문화 2
옹기종기 우리 옹기

구석구석 우리문화 2
옹기종기 우리 옹기

초판 1쇄 발행 | 2011년 6월 30일
초판 8쇄 발행 | 2018년 10월 25일

지은이 | 한향림 옹기박물관
그린이 | 심승희
펴낸이 | 조미현
책임편집 | 황정원
디자인 | 씨오디 Color of Dream

펴낸곳 | (주)현암사
등록일 | 1951년 12월 24일 · 제10-126호
주소 | 04029 서울시 마포구 동교로12안길 35
전화 | 02-365-5051
팩스 | 02-313-2729
전자우편 | child@hyeonamsa.com
홈페이지 | www.hyeonamsa.com
페이스북 | www.facebook.com/hyeonami
트위터 | twitter.com/hyeonami
블로그 | blog.naver.com/hyeonamsa

글과 사진 ⓒ 한향림 옹기박물관, 2011
그림 ⓒ 심승희, 2011

ISBN 978-89-323-7301-0 73630
      978-89-323-7302-7 (세트)

이 도서의 국립중앙도서관 출판시도서목록(CIP)은 서지정보유통지원시스템 홈페이지(http://seoji.nl.go.kr)와
국가자료공동목록시스템(http://www.nl.go.kr/kolisnet)에서 이용하실 수 있습니다.
(CIP제어번호 : CIP2011002560)

* 이 책은 저작권법에 따라 보호를 받는 저작물이므로
  저작권자와 출판사의 허락 없이 이 책의 내용을 복제하거나
  다른 용도로 쓸 수 없습니다.
* 지은이와 협의하여 인지를 생략합니다.
* 책값은 뒤표지에 있습니다. 잘못된 책은 바꾸어 드립니다.
* 현암주니어는 (주)현암사의 아동 브랜드입니다.

	제품명 도서	전화 02-365-5051
	제조년월 2018년 10월	제조국명 대한민국
	제조자명 (주)현암사	사용연령 8세 이상
	주소 서울시 마포구 동교로12안길 35	

주의 책 모서리에 부딪히거나 종이에 베이지 않도록 주의해 주세요.
· KC 마크는 이 제품이 공동안전기준에 적합하였음을 의미합니다.

구석구석 우리문화 2

옹기종기
우리 옹기

글과 사진·한향림 옹기박물관 그림·심승희

현암
주니어

차 례

머리말 • 6

1장 옹기가 궁금해!

항아리가 숨을 쉰다고? • 10
옹기는 언제부터 썼을까? • 13
도기야 자기야? 헷갈리네! • 20

2장 이런 옹기 저런 옹기

같지만 다른 옹기 • 24
지역마다 다른 옹기 • 30
이런 옹기 봤어? • 34

3장 옹기 만들기

신기한 옹기 도구 • 46
옹기장이의 옹기 만들기 • 52
옹기에 옷을 입히자! • 58
옹기 나르기 • 64
깨진 옹기도 다시 보자! • 67

4장 이야기를 담은 옹기

생활 속 옹기 이야기 • 74
우리 속담 속 옹기 이야기 • 93
옹기를 직접 볼 수 있는 곳 • 100

찾아보기 • 102

머리말 ....

  우리는 어려서부터 '도자기'라는 말을 많이 들어왔어요. 도자기라고 하면 일반적으로 식기나 물잔, 또는 꽃병 같은 자기 종류를 떠올릴 거예요. 하지만 사실 도자기는 도기와 자기가 합쳐져 만들어진 말이에요.

  도기는 우리의 조상들이 오랫동안 음식을 만들고 담아 왔던 항아리 같은 것을 말해요. 신석기 시대부터 사용하면서 발전시켜 온, 흙으로 빚은 용기죠. 이것이 19세기에 독 '옹(甕/瓮)' 자와 그릇 '기(器)' 자를 써 '옹기'라고 불리게 된 것이랍니다.

  근대에만 해도 살림의 반은 옹기였어요. 옹기는 우리의 할머니, 또는 할머니의 할머니가 살림하시던 시절부터 사용해 온 것으로 그 기능과 모양이 매우 다양해요. 오랫동안 옹기종기 모여 살던 마을의 환경에 따라 옹기의 모양과 색상 또한 다양한 변화를 겪어 왔고요.

    우리 식탁에서 빠뜨릴 수 없는 김치나 된장, 고추장 같은 우리의 세계적인 발효 음식은 옹기가 있어서 만들어질 수 있었어요. 음식의 발효를 위해서 옹기는 숨을 쉬어야 해요. 이를 돕기 위해 옹기는 만들 때 옹기의 표면에 유약을 바르고, 손가락으로 그림을 그려 일정 부분의 유약을 제거함으로써 공기가 잘 통하게 하였답니다.

    하지만 이렇게 지혜롭고 투박하면서 소박한 멋을 담은 옹기도 지금은 플라스틱이나 일회용 용기에 밀려 안타깝게도 점점 사라지고 있어요. 우리의 소중한 옹기들이 영영 자취를 감춰 버리지 않도록 옹기들이 그 안에 얼마나 다양한 이름과 용도, 놀라운 기능과 멋을 담고 있는지 이 책을 통해 배우고 느낄 수 있는 계기가 되었으면 해요.

– 한향림 옹기박물관
컬렉터 이정호

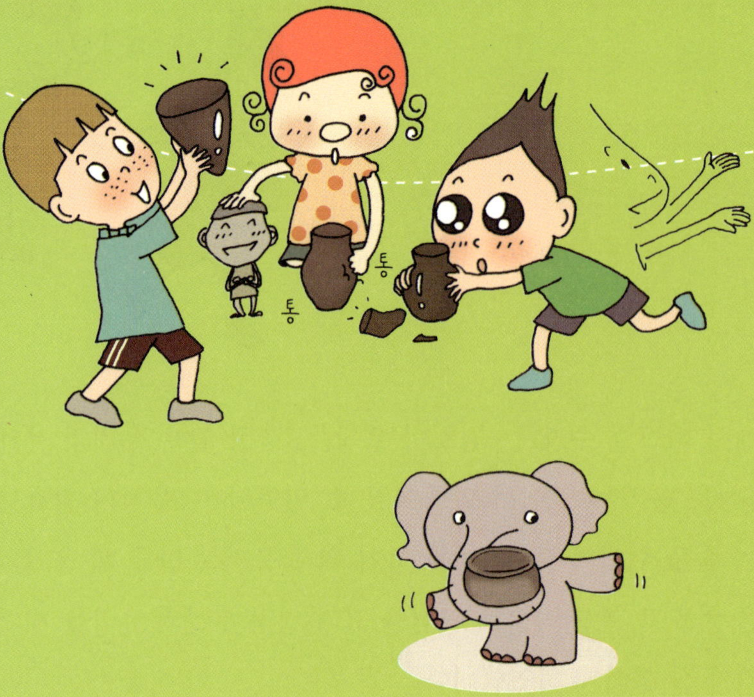
통
통

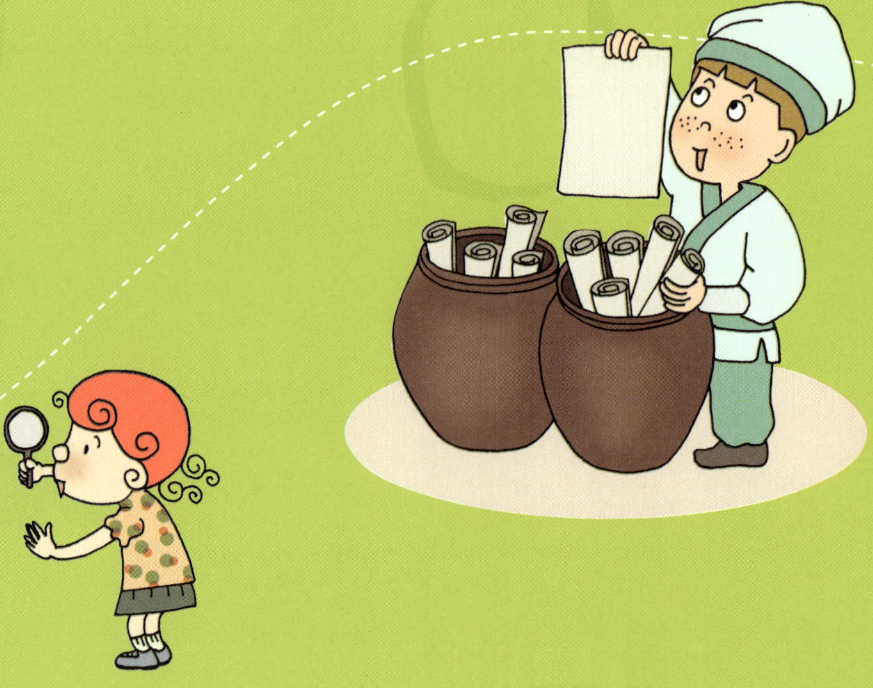

1장
옹기가 궁금해!

항아리가 숨을 쉰다고?

할머니 댁에서 고추장을 담그던 날이면, 할머니는 찹쌀가루에 엿기름 물을 부으며 풀을 쑤셨어. 그럴 때면 하루 종일 할머니 곁에서 기다란 나무 주걱을 들고 기다리다가 고추장에 손가락을 찍어 가며 맛을 보았지. 완성된 고추장은 할머니의 보물단지인 항아리 속에 담겨졌어.

요즈음은 고추장과 된장뿐만 아니라 김치를 사서 먹는 집이 많지만, 여러분의 아빠가 어릴 적만 해도 대부분의 집에서 장을 직접 담가 먹었어. 해마다 겨울이 오기 전, 온 가족이 먹을 김장을 해서 커다란 독에 담아 땅에 묻기도 하고, 메주를 띄워 담은 장을 장독대에 놓인 항아리에 넣어 보관하기도 했지.

그런데 왜 간장, 된장, 고추장 같은 장을 항아리에 담아 두셨을까?

예로부터 우리나라는 밥과 반찬을 함께 먹는 상차림으로, 대부분의 음식은 '장'으로 간을 조절해 맛을 냈어. 집에서 만든 장의 맛에 따라 음식의 맛도 달라졌지. 그래서 '장'을 잘 익혀 맛이 변하지 않고 오래 보관하기 위해서 공기가 잘 통하는 항아리, 즉 옹기가 필요했던 거야.

김장

'옹기'는 우리나라 고유의 그릇 가운데 하나로 '숨 쉬는 항아리'라고도 불려.

옹기가 숨을 쉰다? 에이, 말도 안 된다고? 쉿! 여기에 비밀이 있어.

옹기는 흙으로 만들어 불에서 구워 내는데, 흙 안에는 수많은 모래 알갱이가 있어서 그릇 표면에 아주 작은 공기구멍을 만들어. 이 구멍을 통해 우리가 숨을 쉬는 것처럼 옹기의 안팎으로 공기가 통하게 돼. 옹기의 공기구멍은 아주 작아서 공기는 드나들 수 있지만 액체는 뿜어 나오지 못해. 그래서 음식을 잘 발효시켜 익게 해 주고, 물이나 쌀을 넣어 두어도 쉽게 썩지 않도록 해 줘.

장을 담아 놓은 옹기의 표면을 살펴보면 하얗고 끈적이는 소금기가 배어 나온 것이 보여. 이것은 '소금쩍'이라고 하는데, 옹기의 숨구멍을 통해서 소금기가 밖으로 흘러나온 흔적이야.
　햇볕이 좋은 날이면 할머니가 옹기 표면을 깨끗이 닦으시곤 했는데, 바로 옹기가 숨을 더욱 잘 쉴 수 있도록 해 주셨던 거지.

옹기는 언제부터 썼을까?

친구들과 함께 모여 재미있는 찰흙 놀이를 해 볼까?
 친구들 얼굴도 만들어 보고, 조그만 집과 강아지도 만들어 보고, 할머니 댁에서 보았던 옹기 항아리도 떠올리며 크고 작은 여러 가지 모양의 옹기를 만들어 봐.

옹기의 발전 과정

신석기 시대 빗살무늬 토기
© wikipedia

청동기 시대 민무늬 토기
© wikipedia

삼국 시대 토기

고려 시대 옹기   조선 시대 옹기

　옹기의 유래는 사진에서 살펴보듯 신석기 시대의 토기에서부터 출발해. 우리 조상들은 찰흙 놀이처럼 아주 오래전부터 흙을 물에 반죽하여 모양을 만들고, 그늘에 말려서 그릇을 만들었어. 그런데 이렇게 만든 그릇은 단단하지 못해서 오랫동안 사용하거나 곡식, 물 등을 보관할 수 없었어. 사람들은 더욱 단단한 그릇을 만들기 위해 여러 가지 방법을 고민했지. 그러다 평평한 땅에 구덩이를 파고, 그 속에 불을 붙여 그릇을 굽게 되었어. 그 결과 불에서 구운 그릇이 그늘에서 말린 그릇보다 더욱 단단하고 가벼워진다는 사실을 알게 되었어.

　삼국 시대에는 평평한 땅에 구덩이를 파던 것에서 발전하여, 경사진 산비탈에 가마를 굴처럼 파서 만들고, 지상으로 굴뚝을 내었어. 이렇게 그릇을 넣고 굽는 가마의 모양이 바뀌자, 열이 바깥으로 빠져나가는 것을 막아 주어 구덩이 속의 온도가 800도 이상까지 높아졌어. 평평한 땅에 구덩이를 파고 그릇을 구웠을 때보다 온도가 더 높아지면서 그릇은 더욱 단단하고 가벼워지기 시작했지.

모양도 오늘의 독과 같아지고, '옹(甕/瓮)'이라는 용어가 큰 저장용 항아리를 일컫는 말로 사용된 것도 삼국 시대부터야. 서울에서 발견된 6세기의 고구려 가마터에서 '관옹(官瓮)'이라는 글자가 새겨진 도기 판이 발견되었고, 경주 안압지에서도 10명의 식구가 겨울을 나려면 8개의 항아리가 있어야 한다는 뜻의 '십구팔옹(十九八瓮)'이라는 문구가 새겨진 항아리 조각이 발견되었거든.

조선 시대 초기인 1444년, 『세종실록』에서 독 '옹(甕/瓮)' 자에 그릇을 뜻하는 '기(器)' 자를 붙인 '옹기'라는 단어가 처음 등장했어. 하지만 19세기 전반까지는 옹과 옹기를 특별한 구분 없이 함께 사용했어. 물이나 술을 담는 큰 항아리의 명칭으로 옹기라는 단어를 많이 사용하게 된 것은 19세기 이후의 일이야.

최근에는 옹기가 큰 독이나 항아리만을 뜻하지 않고, 옹기에 사용되는 잿물을 바른 그릇은 모두 옹기라고 부르고 있어. 이것은 시대가 발전하면서 생활 속에서 여러 도구들이 발생하고, 그 쓰임새에 맞게 수저통, 밥그릇, 단지 등 다양한 그릇들이 만들어지며 나타난 현상이야.

조선 후기 풍속화에는 우리 선조들의 생활 모습을 그린 것들이 많아서 옹기들 또한 쉽게 발견할 수 있는데, 그중에서 장독대의 풍경을 가장 많이 볼 수 있어. 궁중 장독대부터 초가집 한켠에 놓인 항아리 한두 개까지 다양하게 볼 수 있지.

다음 장에 나오는 「모당평생도」 중 '초도호연'이라는 그림을 봐. 조선 시대의 유명한 화가인 김홍도가 그린 그림인데, 자세히 살펴보면 왼쪽 위편에 그려진 장독대의 항아리들을 찾을 수 있을 거야.

우리 민족에게 옹기는 일상생활에서 없어서는 안 되는 생활필수품이었어. 식기, 솥과 같이 그릇으로 사용되는 숫자가 아주 많았지. 옹기는 물기가 있는 음식이나 된장, 간장 등을 보관하는 데도 사용되었고, 떡을 만드는 시루, 난방을 위한 화로와 굴뚝에 이르기까지 쓰임새가 매우 다양했어.

「모당평생도」 중 '초도호연' (김홍도 그림, 1718년, 국립중앙박물관 소장)

그러나 옹기는 1970년대에 들어서 우리의 생활에서 사라지기 시작했어. 산업이 발달하고 식기 문화뿐만 아니라, 주거 형태가 아파트로 바뀌면서 옹기보다는 플라스틱이나 금속으로 만든 그릇을 많이 사용하게 된 거야.

최근에는 환경 오염 문제로 인해 플라스틱이나 일회용 그릇의 사용을 줄이고, 다시금 옹기를 생활 속에서 사용하기 시작했어. 그 이유는 김치나 된장, 고추장 같은 우리 고유의 음식 맛을 살리는 데 옹기만큼 좋은 그릇이 없다는 것을 새롭게 알게 되었기 때문이야.

　모양도 소박하고 정감이 넘치는 우리 그릇, 옹기는 오래전 조상들의 지혜와 생활을 엿볼 수 있는 소중한 유산이자 과학 작품이라고 할 수 있어.

도기야 자기야? 헷갈리네!

우리 주변에서 사용하는 여러 종류의 그릇을 떠올려 봐. 밥이나 국수, 우유와 과일 등을 담아 먹을 수 있는 그릇과 예쁜 식물을 심어 놓은 화분, 물이 새지 않는 꽃병 등. 흙으로 만들고 불에서 구워 낸 이 그릇들을 우리는 모두 '도자기'라고 불러.

도자기는 '도기'와 '자기'를 통틀어서 부르는 말이야.

도기와 자기는 흔히 가마에서 구워지는 온도와 흙이 불에 견딜 수 있는 강도에 따라 구분해. 800도에서 1,200도 정도의 온도에서 구워 만든 것을 도기라 하고, 1,300도 이상의 높은 온도에서 구워 만든 것을 자기라고 해.

도기는 도기토라고 하는 굵은 알갱이가 섞인 흙으로 모양을 만들어. 반면에 자기는 자기토라고 하는 알갱이가 고운 흙으로 모양을 만들어. 그리고 나서 700도에서 800도 사이의 불에서 굽고 유약[1]을 바른 다음, 1,300도의 높은 온도에서 한 번 더 구워 만들어.

---

1) **유약** : 도자기를 구울 때 덧씌우는 약. 우리나라는 전통적으로 나무재 성분의 유약을 사용해 왔는데, 그중 옹기에 입히는 유약을 잿물이라고 해.

옹기는 도기와 자기 중에서 도기에 해당하는데, 크게 질그릇, 푸레독, 오지그릇으로 나눌 수 있어. 이 세 가지는 각각의 이름으로도 불리지만, 보통 통틀어 '옹기'라고 불러.

질그릇은 잿물[2]을 바르지 않고 800도에서 900도 사이에서 산소를 차단한 뒤, 연기로 표면을 그을려 구워 만든 옹기를 말해. 푸레독은 질그릇과 만드는 과정은 같지만, 연기로 표면을 그을린 뒤, 소금을 뿌려서 1,100도에서 1,200도 사이에서 구워. 오지그릇은 잿물을 바르고 1,000도에서 1,200도 사이의 높은 온도에서 구워 만들어.

2) **잿물** : 나무를 태운 재와 낙엽 썩은 흙을 물과 섞어서 만든 것.

2장
이런 옹기 저런 옹기

같지만 다른 옹기

할머니의 할머니도 사용하셨던 오랜 역사를 가진 옹기가 새삼스레 더 귀해 보이고 친근한 느낌이 들지 않니?

옹기는 하나하나 살펴보면 크기와 색깔, 질감이 모두 조금씩 달라. 장독대에서 흔히 보았던 갈색 옹기만 있는 것이 아니거든. 옹기도 종류에 따라 다양한 색을 갖고 있어.

옹기는 만드는 과정에 따라 질그릇과 푸레독, 오지그릇, 이렇게 세 종류로 나눌 수 있어. 모두 같은 옹기인데 무슨 차이가 있는 걸까?

질그릇이란?

질그릇은 진흙으로 만든 뒤 잿물을 입히지 않고 800도에서 900도 사이에서 구워 낸 그릇이야. 가마의 온도가 800도 정도로 올라갔을 때 생 소나무 가지를 아궁이에 넣고 입구를 막으면, 소나무 가지가 타면서 나오는 연기가 밖으로 빠져나오지 못하고 질그릇의 표면으로 스며들게 돼. 그러면 질그릇은 검은 회색으로 바뀌게 되지.

질그릇은 숨도 많이 쉬고, 습도를 조절하기도 하고, 정화 작용을 하는 기능도 갖고 있어. 그래서 화로, 시루, 밥통, 화분과 같이 물이나 불을 취급하는 데 많이 사용돼. 질그릇 시루에 떡을 찌면 떡도 잘 쪄지면서 시루에 달라붙지 않고, 질그릇 밥통에 뜨거운 밥을 보관하면 밥에서 생기는

질시루

질독   질밥통

수증기를 질그릇이 스스로 흡수하여 밥이 항상 고슬고슬하게 맛있어.
 요즘에는 질밥통을 사용하지 않지만, 질밥통의 장점을 이용한 전자 보온 밥통을 개발하는 연구소도 있어.

푸레독이란?

　질그릇은 물을 저장하는 독으로 많이 사용했는데, 오래 사용하면 점차 물이 새는 단점이 있었어. 그래서 질그릇의 단점을 보완할 수 있는 '푸레독'을 만들기 시작했지.

　푸레독의 '푸레'는 '푸르스름하다'라는 순우리말로 푸른빛이 도는 항아리를 뜻해. 푸레독은 질그릇과 같이 잿물을 바르지 않아. 그 대신 가마의 온도가 800도에서 900도까지 올라가면 산소를 차단한 다음, 소금을 가마 안에 뿌려 줘. 그리고 1,100도에서 1,200도까지 온도를 올려서 굽는데, 이때 소금이 녹으며 흙에 스며들게 되고, 잿물의 역할을 대신해 물이 새지 않아.

푸레독

푸레독은 예전에는 임금님의 쌀독으로 사용했을 정도로 귀한 물건이었고, 만드는 과정도 매우 어려웠어. 푸레독을 완성하기 위해서는 가마 앞에서 며칠 동안 불을 지켜야 했어. 불을 잠깐 놓치기라도 하면 옹기에 그을음이 남거나 금이 가곤 했대.

푸레독은 은은한 광택이 나는 소박한 아름다움을 지녔어. 아울러 소금을 이용해 물이 새는 질그릇의 단점을 보완해 낸 옛 어른들의 지혜가 돋보이는 옹기야.

푸레독

오지그릇이란?

오지그릇은 진흙으로 만든 뒤, 잿물을 입혀 1,000도에서 1,200도 사이의 높은 온도에서 구운 그릇이야. 표면에 광택이 나고 단단한 것이 특징이지. 김칫독, 술독, 물독 등 옹기 중에서 가장 많이 사용되고 있단다.

오지그릇

 모양 따라 내 이름을 불러 줘!

옹기는 크기에 따라 종류도 다양하고, 모양에 따라 이름도 아주 독특해. 독 중에서 둘레가 아주 넓고, 키가 가장 큰 독을 '큰독'이라고 불러. 큰독보다 작은 것은 '중두리', 제일 작은 것은 '좀두리'라고 해.

배(가운데 부분)가 부른 독은 '항아리'라고 부르는데, 그중에서도 키가 작으면서 유난히 배가 부른 항아리를 '방퉁이'라고 불러.

독 뚜껑은 보통 '자배기'라고 부르는데, 모양에 따라서 밑바닥이 넓은 것은 버치, 좁은 것은 소래기라고 불러.

 ## 종이나 나무로 독을 만든다고?

옹기는 꼭 흙으로만 만들까? 흙이 아닌 다른 재료로 만든 독도 있어. 나무로 만든 나무독, 종이로 만든 종이독 등이 그렇지.

나무독은 나무 '목(木)' 자를 써서 '목옹'이라고도 부르는데, 나무 속을 파서 만들어.

종이독은 종이를 절구에 곱게 찧고 풀과 섞어 종이죽을 만들어. 그런 다음 싸릿개비 등을 엮어 만든 뼈대 위에 발라서 만들어.

종이독

나무독

지역마다 다른 옹기

옹기는 우리나라 모든 지역에서 똑같이 만들어졌을까?
지역마다 기후가 다르듯 옹기의 모양도 자연환경에 따라 모두 제각각이야. 고추장, 된장 같은 장이 발효하는 데 필요한 햇빛의 양과 온도가 모두 달라서 장을 담는 데 가장 흔히 쓰이는 옹기도 지역마다 모양이 달라.

서울·경기

강원도

충청도

전라도

경상도

제주도

서울·경기도 지역은 입 부분이 넓고, 배가 부르지 않은 형태로 햇빛을 많이 받을 수 있어. 조선 시대의 궁궐이나 사대부 집안에서 사용하던 옹기 뚜껑에는 손잡이가 달려 있기도 했어.

뚜껑
입
어깨
배
바닥

강원도 지역은 햇빛의 양이 적기 때문에 햇빛을 많이 받아들이기 위해 대부분 어깨에서 배 부분의 경사가 거의 일직선이야. 높고 험하게 솟은 산이 많은 지형이라 운반이 쉽도록 옹기의 크기가 작은 편이지.

충청도 지역은 입과 바닥의 넓이가 비슷하고, 배가 불룩한 모양을 하고 있어. 또 목이 높고 밖으로 약간 벌어진 형태로, 전체적으로 다른 지역에 비해 균형이 잘 잡혀 있다는 인상을 줘.

전라도 지역은 다른 지역의 항아리에 비해 우람하고 둥근 인상을 줘. 입과 바닥이 좁고, 어깨가 배보다 불룩하거든. 좁은 입은 햇빛이 풍부한 전라도의 강한 햇빛을 바로 받지 않게 하고, 햇빛에 달궈진 넓은 어깨는 항아리 안의 장이 골고루 익게 만들었어. 그리고 땅에서 올라오는 열도 장맛을 좋게 했지. 전라도 항아리의 뚜껑은 손잡이가 달린 것이 특징이야. 연꽃 봉오리 모양이나 둥근 모양의 손잡이가 달린 뚜껑들이 많아.

31

경상도 지역은 전라도 항아리와 비슷하지만, 입이 좁고, 바닥은 입 부분의 지름보다 약간 좁고, 배가 불룩해. 어깨부터 곡선으로 흘러내리면서 배가 부르거나, 어깨가 각이 진 형태도 있어.

제주도 지역은 입과 바닥이 좁고, 배가 부른 모양이야. 철분이 많은 화산 토질이라 옹기가 붉은색을 띠고, 흙 자체에 광물질이 많아 잿물을 바르지 않은 경우가 많아.

이렇게 옹기는 지역에 따라 추운 지역은 햇빛을 많이 받기 위해 항아리의 입과 바닥을 넓게 만들고, 햇빛이 충분한 지역은 항아리의 어깨나 배를 불룩하게 만들고, 입과 바닥을 좁게 만들어 장이 골고루 익을 수 있게 했어. 이렇듯 옹기에는 우리 조상들의 과학적인 지혜가 가득 담겨 있단다.

햇빛이 필요해.

직사광선을 막고 장이 고루 익게 만들어야지.

 옹기, 북한에도 있시요!

북한 지역은 남부 지방에 비해 햇빛을 받는 시간과 양이 적기 때문에 햇빛을 많이 받아 장이 잘 익을 수 있도록 옹기의 입 부분을 대부분 크게 만들었어.

거북병

거북병은 물이나 술을 운반할 때 사용하는 특이한 형태의 병이야. 몸통에 거북이처럼 목을 만들어 붙이고, 입 부분을 약간 밖으로 벌어지게 만들었어. 끈을 묶어 들거나 맬 수 있도록 꼭지도 달았지.

쌀함박은 쌀을 씻으면서 돌을 골라내기 쉽도록 그릇 안쪽에 홈을 만들어 놓은 것이 특징이야. '함박'은 바가지와 같은 그릇을 일컫는 말로 '함지박'이라고도 해. 일반적으로는 통나무 속을 파서 큰 바가지처럼 만들어 사용한 것을 일컫는 말인데, 옹기로 만든 쌀함박은 매우 귀한 부엌용품 중 하나야.

쌀함박

이런 옹기 봤어?

옹기는 우리 민족이 즐겨 먹는 발효 식품인 김치를 비롯하여 간장, 된장, 고추장, 젓갈, 술, 식초 등을 발효시키고 저장하는 중요한 그릇이야. 또한 곡식이나 먹는 물을 저장하는 용도로도 널리 사용되어 왔어. 그러나 우리가 알지 못하는 재미있는 용도의 옹기들도 아주 많아.

지금부터 모양도 이름도 독특한 별난 옹기들을 만나 볼까?

• 홍도 빗물항아리

홍도는 전라남도 신안군 흑산면 홍도리에 속한 섬의 이름이야. 해질 무렵이면 섬 전체가 붉게 물든다고 해서 붉을 '홍(紅)', 섬 '도(島)' 자를 써서 홍도라는 이름이 붙여졌어. 홍도는 물이 귀해 항아리에 빗물을 받아 생활용수로 사용했어. 이때 사용한 홍도 빗물항아리는 바닥은 좁고 입은 넓은 빗살무늬토기 형태를 하고 있어. 키가 아주 커서 아랫부분을 땅에 묻어 우물처럼 물이 필요할 때마다 사용했대. 사진에 있는 홍도 빗물항아리만 해도 키가 1미터 29센티미터나 되는데, 이렇게 큰 옹기를 만들기란 쉬운 일이 아니었어. 큰 키 때문에 말

홍도 빗물항아리

랑말랑한 흙가래를 쌓아 올리다 보면 주저앉기 일쑤였지. 그래서 옹기장이들은 항아리 주위에 작은 모닥불을 피워 놓거나, 달군 숯을 넣은 통을 항아리 안쪽에 줄로 엮어 매달아 주었어. 안팎의 열을 이용해 흙가래를 말리면서 쌓았던 거지. 그러면 이렇게 큰 항아리도 만들 수 있었던 거야.

• 송진독

소나무나 잣나무에서 나오는 끈적끈적한 액체를 '송진'이라고 해. 송진독은 바로 이 송진을 받아 내는 항아리야. 소나무나 잣나무의 옹이가 있는 가지를 송진독에 가득 쌓은 뒤, 윗부분에 불을 붙여 주면 가지가 아래쪽으로 타 내려가. 이 과정에서 송진이 바닥으로 흘러내리는데, 바닥에 고인 송진을 쉽게 모을 수 있도록 아래쪽에 구멍을 내었어.

제2차 세계 대전 때 석유가 나지 않는 일본은 우리나라에서 송진을 대대적으로 채취해 자동차, 선박, 항공기 등에 쓰일 엔진 윤활유를 만드는 데 사용했어.

송진독

• 장군

장군은 물, 술, 오물을 운반할 때 쓰던 옹기야. 그 안에 담기는 내용물에 따라 물장군, 술장군, 오줌장군, 똥장군 등으로 불러. 집집마다 하나씩 있던 똥장군은 화장실 근처에 세워 놓고 사용하다가, 그 안에 똥오줌이 차면 지게에 실어 밭으로 가지고 나갔어. 사람의 대소변은 각종 채소의 좋은 거름이 되기 때문에 밭에 뿌려 주었지. 지게에 실을 때는 중간 부분에 불룩 튀어나온 주둥이를 짚이나 풀잎, 헝겊 등으로 막은 뒤 눕혀서 실었어.

장군

• 약뇨병

약을 구하기 어려웠던 옛날, 민간요법의 한 방법이 약뇨를 마시는 거였어. 약뇨란 약 오줌을 말하는데, 몸에 멍이 심하게 들거나 부었을 때 오줌을 약으로 만들어 먹었어. 이때 사용한 그릇이 약뇨병이야. 오줌을 어떻게 먹느냐고? 생각하면 지저분할 것 같지만, 약뇨병 구멍을 솔잎으로 막고, 목 부분을 줄로 매달아 뒷간에 넣어서 한 달 정도 지나면, 솔잎을 통과한 오줌이 약으로 쓸 수 있는 새로운 물질로 변하게 돼. 염증을 없애고 열을 내리는 솔잎의 성질과 옹기의 정화

약뇨병

작용이 합쳐져서 오줌을 약으로 만드는 것이지. 암모니아 냄새도 심하지 않아서 처음 약뇨를 접하는 사람들은 오줌인 것을 모를 정도였어.

• 소매통

나팔꽃처럼 퍼진 입과 손잡이가 달린 이 옹기의 이름은 소매통이야. 옛날에는 재래식 화장실 곁에 장군을 놓아두고, 남자들이 소변을 보아 가득 채워지면 지게에 져서 밭으로 옮긴 뒤에 소매통에 덜어 담아 거름으로 뿌리곤 했어. 소변을 밭에 뿌릴 때 편리하도록 입구 부분에 귀때를 만들어 '귀때동이'라고 부르기도 했어. '귀때'란 물이나 술을 흘리지 않고 잘 따를 수 있도록 그릇 끝 부분에 내민 부리를 말해. 마치 무언가를 들으려고 귀를 기울이는 사람의 귀 모양을 닮지 않았어? 우리가 먹는 우유갑도 귀때의 원리가 적용된 형태라고 할 수 있어.

소매통

똥과 오줌 속에는 암모니아라는 성분이 들어 있어. 이 암모니아로 화약의 성분 중 하나인 초석을 만드는데, 암모니아를 따로 구하기 어렵던 시절에는 장군이나 소매통을 비우고 나서 비워지지 않고 남아 있는 마른 똥과 오줌을 긁어 초석으로 만든 뒤, 유황과 함께 반죽하여 사용했대.

소매통

• 연가

옛 가옥에서는 옹기로 만든 굴뚝을 흔히 볼 수 있었어. 초가집이나 기와집 부엌에서 연료로 사용한 땔나무가 탈 때 그을음과 연기를 배출하기 위해 굴뚝을 만들었거든.

굴뚝은 연기가 지나가는 '연통'과 지붕 역할을 하는 '연가'로 이루어져 있는데, 굴뚝 안으로 눈이나 빗물이 들어가지 않도록 씌워 놓은 것이 바로 연가야. 굴뚝에 따라 연통만으로 된 것과 연통 위에 연가를 얹은 것이 있어.

연가에는 연기가 잘 빠져나가도록 갖가지 모양의 구멍이 두서너 개씩 뚫려 있어. 연가의 모양은 지역과 건축의 형태에 따라 조금씩 다르게 나타나.

연가 꼭대기에는 새, 거북이, 두꺼비 등을 조각해서 올려놓기도 하고, 종교적인 상징 문양을 넣어 집에 복이 들어오기를 바라는 마음을 표현하기도 했어. 아래 사진 중 왼쪽에 보이는 집 모양의 연가는 왕실에서만 사용했어.

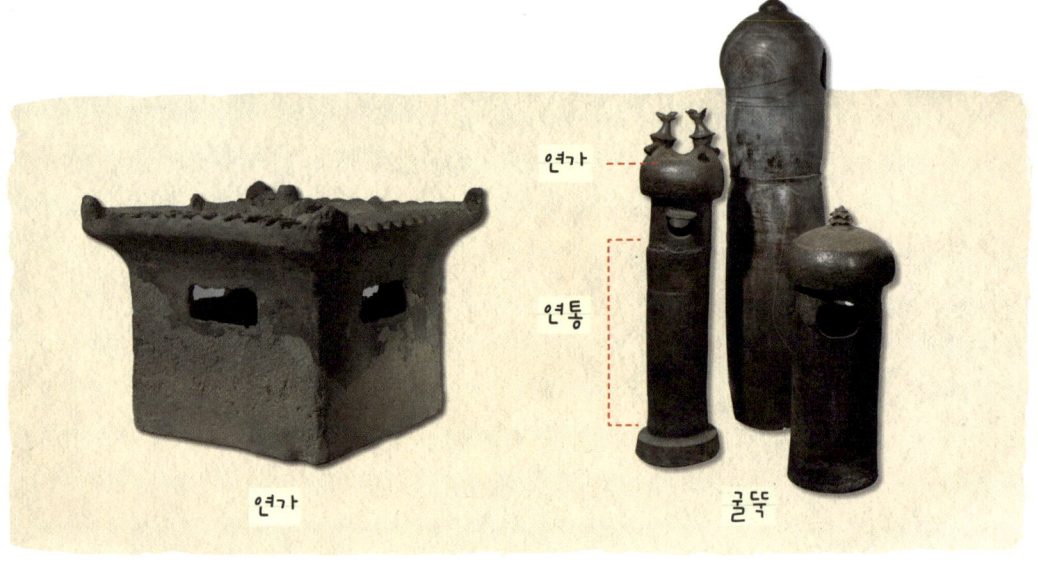

- **벌통**

벌통은 벌이 집을 짓는 원리를 이용해 꿀을 얻을 수 있도록 만든 옹기야. 벌통 아래쪽에 뚫린 양 입구로 벌이 들어와 중간의 긴 통에 집을 지으면 우리가 먹을 수 있는 꿀이 완성돼. 집이 다 지어져 꿀이 가득한 통을 빼고, 새 통으로 교체해 놓으면 벌들이 또 열심히 집을 짓기 시작하면서 꿀이 만들어져.

벌통의 중간 통

벌통

거긴 벌이 다니는 문이야! 막으면 안 돼!!

• 돼지 저금통

조선 시대에는 돼지를 부귀의 상징으로 여겨 돼지 모양의 자기나 질그릇으로 저금통을 많이 만들었다고 해. 옹기로 만든 저금통은 돈을 넣는 작은 구멍만 있고 꺼내는 구멍이 없는 벙어리 저금통이었어. 그래서 저금통에 든 돈을 꺼낼 때는 돈을 어떻게 사용할지 깊이 생각해야 했지.

돼지 저금통

• 병아리 물병

병아리 물병은 병아리들이 아무 때나 물을 마실 수 있도록 만들어진 옹기야. 물병을 옆으로 눕혀 물을 가득 채우고 사진과 같이 세워 두면 오목한 입구로 일정한 양의 물이 흘러내려 와. 물병에 물을 꽉 채우면 공기가 통하지 않는 진공 상태가 되는데, 이때 병아리가 물을 마시면 물의 양이 줄어들면서 물병 안으로 공기가 새어 들어가 일정한 양의 물이 흘러내려 오게 되는 거지. 우리 조상들의 지혜와 배려를 엿볼 수 있어.

병아리 물병

• 주꾸미 잡이통

주꾸미를 잡기 위해 만든 주꾸미 잡이통은 주꾸미가 구멍 속에 숨는 특성을 이용한 옹기야.

여러 개의 통을 줄로 연결하여 썰물 때 갯벌에 한 줄로 늘어놓으면, 밀물이 들어왔다 나간 뒤 통 안에 주꾸미가 숨어 들어가 있어. 주꾸미 잡이통을 갯벌에서 들어 올려 털어 주면 한바구니 가득 주꾸미가 쏟아져 나오는 것을 볼 수 있어.

주꾸미 잡이통

• 미꾸라지 잡이통

미꾸라지잡이통

이 옹기는 옆면 중간에 구멍을 뚫고 구멍 안으로 된장과 같은 미끼 밥을 넣은 뒤, 흐르는 개울물에 넣어 미꾸라지를 잡는 데 사용했어. 미꾸라지가 된장 냄새를 맡고 몰려 들어갔다가 빠져나가지 못해 손쉽게 잡을 수 있었어.

구멍 안에 미끼 밥을 넣고 반나절이 지날 즈음 통을 들어 털어 내면 구멍 속에서 한 움큼의 미꾸라지를 발견할 수 있어.

• 타구

옛날에는 감기나 천식에 걸리면 약이나 병원이 많지 않아 빨리 나을 수 없었어. 그래서 천식에 걸려 오랫동안 집 밖으로 나오지 못하는 양반들이 방 안에 있으면서도 가래나 침을 뱉을 수 있도록 만들어진 그릇이 바로 타구야. 타구는 양반들의 갓과 비슷한 모양으로 입구가 넓어 침이나 가래를 뱉기 편하도록 되어 있어.

타구

• 샘틀

샘틀은 샘물이 솟아 고이는 곳에 물을 보호하고 편하게 사용하기 위해 설치했어. 옹기로 만든 샘틀은 천연 재료로 만들어서 지하수 본래의 맛을 유지하고, 이물질이나 동물 등에 의한 오염을 방지해 주었지. 주로 원통형으로 제작되었어.

샘틀

• 염전바닥

염전 바닥에 타일처럼 깔아 놓아 햇빛에 바닷물이 증발되고 남은 소금들을 쓸어 담기 편리하게 한 옹기야.

염전바닥

• 저울추

저울추는 저울대 한쪽에 걸거나 저울판에 올려놓아 무게를 재게 해 줘. 주로 납이나 쇠로 만들었지만, 옹기로 만들어 사용하기도 했어. 옆에 보이는 옹기 추는 목화 무게를 잴 때 사용했어.

저울추

3장
옹기 만들기

신기한 옹기 도구

옹기에 대해 알면 알수록 옹기가 새롭게 보이지 않니?

예전에 텔레비전에서 보았던 옹기장이 할아버지는 옹기를 아주 쉽게 만드는 것처럼 보였지만, 실은 옹기가 완성되기 위해서는 여러 과정과 정성이 담겨야 해.

우리가 미술 시간에 공작 도구와 여러 틀을 가지고 찰흙 놀이를 했던 것처럼 옹기를 만들기 위해서도 여러 가지 도구가 사용돼.

무엇보다도 놀라운 점은 도구 중에서도 가장 좋은 도구는 손이라는 사실이야. 옹기장이의 손이 마술을 부리듯 쓱쓱 움직이면 커다란 옹기가 뚝딱 만들어지고 멋진 무늬가 그려지니까.

그럼 손과 함께 옹기를 만들 때 사용하는 도구들을 알아볼까?

옹기 만드는 데 사용되는 도구

- **체**

    돌멩이나 잡풀 등을 없앨 때 사용하는 도구야. 물을 채운 용기 위에 체를 놓고, 체 안에 흙을 넣고 걸러. 여러 차례 흙을 걸러 주어야 옹기 만들기에 적당한 점토가 돼.

체

• 깨끼칼

흙을 발로 충분히 밟아 준 뒤, 제거되지 않은 돌, 나무뿌리 등의 이물질을 골라내기 위해 사용하는 도구야.

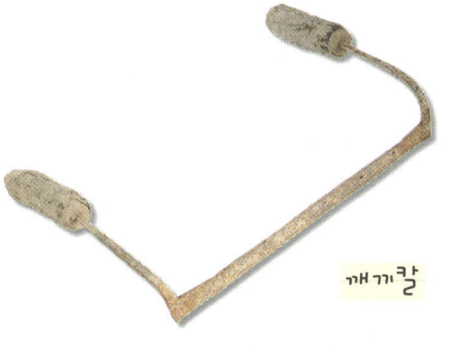

• 곤메

굵고 짧은 나무토막의 중간에 구멍을 뚫어 긴 자루를 박은 모양이 떡을 칠 때 사용하는 떡메와 비슷해. 옹기를 만들 수 있을 정도로 흙이 끈끈하고 차지게 하기 위해서는 오랫동안 때려 주어야 하는데, 이때 사용하는 도구가 곤메야.

• 나무 밑판

점토가 그릇을 빚기 적당한 상태로 만들어지면 옹기 만들기를 시작해. 이때 나무로 된 밑판을 깔아 줘서 옹기가 완성된 뒤 물레에서 떼어 내기 쉽게 해 주었어.

나무 밑판

• 물레

물레는 위에 점토를 올려놓은 뒤 발을 회전시키면서 그릇의 모양을 만드는 도구야.

물레

• 밑가새칼

옹기의 바닥 크기를 정하고, 그 바깥쪽을 잘라내는 데 사용하는 도구야. 옹기의 형태가 모두 완성된 뒤, 옹기의 바닥에 불필요하게 붙어 있는 점토를 떼는 데도 사용해.

밑가새칼

• 방망이

물레 위에 올린 점토 덩어리를 두드려 바닥 모양을 잡기 위해 필요한 도구야. 방망이는 밑바닥을 펼 때도 사용하지만, 딱딱한 흙을 점토로 만들기 위해 사용하기도 해.

• 도개와 수레

점토를 한 단씩 쌓아 올리며 옹기의 형태를 만들 때 사용하는 도구야. 도개는 옹기의 속을 두드리면서 받쳐 주는 역할을 하며, 조그맣고 떡살 문양이 새겨진 방망이 모양을 하고 있어. 수레는 옹기의 바깥쪽을 두드릴 때 사용하는 것으로 넓적한 부채 모양이야.

도개와 수레는 짝꿍처럼 옹기의 안쪽과 바깥쪽에 서로 대고 두드리며 사용해.

• 근개

물레를 돌리며 표면을 매끈하게 다듬을 때 사용하는 도구야.

• 활

　대나무를 구부려 팽팽하게 하거나 나무를 깎아서 활 모양을 만들고, 낚싯줄이나 얇은 철사를 가운데 끼워 만들어. 옹기의 입을 똑바로 잘라 정돈하는 데 사용해.

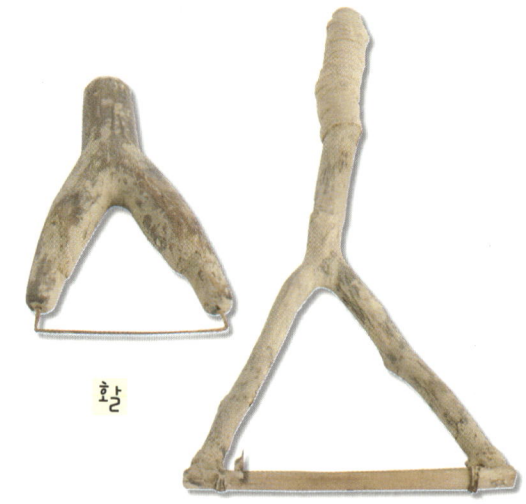

활

• 정금대

　옹기의 바닥과 입 지름을 잴 때 사용하는 것으로 자와 같은 도구야. 옹기를 원하는 크기로 만들기 위해 사용해.

정금대

• 물가죽

　옹기의 입 부분을 다듬을 때 쓰는 가죽 조각이야. 얇은 가죽이나 누빈 헝겊을 부드럽게 물에 불려 입을 정리하는 데 사용하기도 해.

물가죽

• 도장

옹기의 표면에 장식을 넣을 때 사용하는 도구야. 옹기의 형태가 거의 완성되면 표면에 손으로 무늬를 그리기도 하고, 꽃 모양 등을 조각한 도장으로 콕콕 찍어 장식해. 대부분의 도구는 옹기장이의 손에 맞도록 직접 만들어 사용했어.

도장

• 들보

옹기의 형태가 모두 완성되면 광목으로 만든 들보를 이용해 옹기의 바닥 부분에 받쳐 주고, 두 사람이 함께 건조할 장소로 옮겼어.

들보

옹기장이의 옹기 만들기

옹기 만드는 일을 직업으로 하는 사람을 '옹기장이'라고 해. 옹기장이들은 흙과 물, 불과 바람을 잘 다룰 줄 알아야 해. 옹기를 만드는 과정은 아주 어려워서 옹기장이의 얼굴에 송글송글 땀이 맺힐 만큼 힘과 기술이 필요하지. 물레 위에서 만든 옹기에 잿물을 바르고 구워서 제 모습의 옹기로 완성시킬 때까지 오랜 시간을 기다려야 하는 인내심도 갖춰야 해. 옹기장이들 가운데 이런 기술이 숙련된 사람을 '옹기장'이라고 하고, 국가에서도 중요 무형 문화재 제96호로 지정하여 보호하기 시작했어.

옛날에는 12살 정도의 어린 나이에 옹기 제작에 입문한 옹기장을 '연골대장'이라 불렀어. 이들은 다른 옹기장들에 비해 월급을 두 배나 많이 받았대. 아주 어린 나이에 옹기를 만들기 시작해 경험이 많은데다, 아직 다 자라지 않은 뼈의 상태가 옹기를 가장 잘 만들 수 있는 체형으로 바뀌면서 뒤늦게 시작한 옹기장보다 훨씬 유연하고 완성도 있는 옹기를 만들어 냈거든.

연골대장의 손도장이 찍힌 옹기 뚜껑

옹기에 좋은 점토 만들기

전통 옹기를 만드는 과정에서 가장 중요한 것은 좋은 흙을 만드는 작업이야. 낮은 산자락에 가서 흙을 채취하고, 그 흙을 지게에 짊어지고 내려와 큰 돌 같은 이물질을 제거해. 그리고 물을 채운 큰 물동이 위에 체
를 놓고 또다시 흙을 거르며 작은 이물질들까지 골라내. 이물질을 모두 골라낸 흙을 일주일 정도 물에 재워 두었다가 윗물을 버려 주면 부드러운 갯벌의 진흙 같은 점토로 바뀌어.

이제 점토가 적당한 점력(끈끈하고 차진 힘)이 생길 때까지 흙 밟기를 해. 그런 다음 깨끼칼로 조금씩 깎아 내며 제거되지 않고 남아 있는 돌, 나무뿌리 등을 골라내는 깨끼질을 해. 이물질이 다 걸러지면 조금씩 깎아 냈던 흙을 다시 모아 떡을 만들 때 떡메를 치듯이 흙을 쳐 줘.

드디어 점토가 그릇을 빚기 좋은 상태로 부드러워지면 옹기장이가 물레에 점토를 올린 뒤 본격적인 옹기 만들기를 시작해.

옹기 만들기

자, 이제 본격적인 옹기 만들기를 시작해 볼까? 지금도 이 전통적인 방법으로 옹기를 만들고 굽는 곳이 있어.
옹기를 만들 때는 먼저 물레 위에 하얀 백토 가루를 뿌

옹기 제작 과정 ⓒ 허진규 옹기장

1. 바닥 모양 만들기

2. 타렴질

3. 수레질

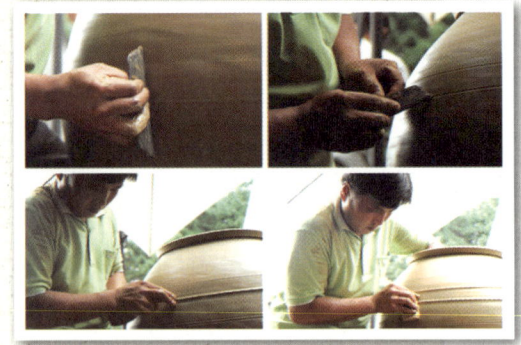
4. 장식하기

5. 손잡이 만들기

6. 옮기기

리고 점토 덩어리를 올린 뒤, 방망이로 두들겨 바닥 모양을 먼저 잡아. 바닥 밑판의 모양이 완성되면 가래떡보다 훨씬 굵게 만든 흙가래를 한 단씩 쌓아 올리는 타렴질을 해.

 타렴질로 쌓은 옹기의 몸체를 안쪽에는 도개를 대고, 바깥쪽에는 수레로 옹기의 안팎에서 박수치듯 쳐 주면서 모양과 두께를 일정하게 만들어. 그런 다음 옹기에 근개를 대고 물레를 돌리며 표면을 매끈하게 다듬어.

 마지막으로 옹기의 입 모양을 만드는 '전잡기'를 하고, 옹기 표면에 근개의 모서리를 대고 물레를 돌려 선 같은 띠가 새겨지도록 장식해.

 옹기의 형태를 만드는 과정은 숙련된 옹기장도 서너 시간 땀을 흘려야 하는 힘든 작업이야.

 모양이 만들어진 옹기는 불에 굽기 전까지 잘 말려야 해. 옹기가 뒤틀리지 않도록 돌려 주거나, 뒤집어 가며 옹기 전체에 햇볕이 골고루 닿게도 하고, 옹기를 거꾸로 뒤집어 바닥을 두드려서 안쪽으로 밀어 넣는 '바닥 우기기'도 해. 불에 구운 뒤에도 옹기 바닥이 평평하게 하기 위해서야.

 이제 잿물을 적당히 건조된 옹기 표면에 입혀. 옹기의 입과 바닥을 잡고 잿물이 든 통에 넣어 돌려 주면 잿물이 자연스럽게 골고루 입혀져. 그러고 나면 잿물이 마르기 전에 손가락 끝을 이용하여 산, 파도, 새, 풀꽃, 글자 등의 문양을 그려 넣어.

 잿물을 바른 옹기가 마르면 드디어 가마 안으로 들어가게 돼.

가마 안에 옹기를 채울 때는 허리를 숙인 채 일일이 손으로 옮기는 과정이 필요해.

옹기를 다 채운 뒤에는 주로 건조시킨 소나무 장작을 사용하여 가마의 불을 지펴 줘. 소나무는 예로부터 식량, 재목, 약재 등으로도 쓰이고, 옹기를 굽는 연료로 사용되기도 했어. 소나무는 우리 주변에서 쉽게 구할 수 있기도 했지만, 불 속에서 오랫동안 타면서 가마의 온도를 높게 해 주어 옹기를 더욱 단단하고 강하게 구울 수 있게 해 주거든.

옹기장이는 옹기를 굽기 전, 가마 안의 옹기들이 불 속에서 무사히 잘 견뎌 주기를 바라는 마음으로 돼지머리와 시루떡을 차려 놓고 고사를 지내기도 했어.

서서히 가마 안의 불을 키워 가며 1,200도 정도까지 온도를 올려 주면, 잿물이 서서히 녹아내리며 드디어 옹기가 완성돼. 요즘처럼 온도계가 없던 시절에는 가마 안 불꽃의 색 변화를 통해 온도를 가늠했어. 낮은 온도에서는 불꽃이 붉게 보이다가 온도가 높아지면서 청백색으로 바뀌는데, 이러한 과정을 유심히 관찰해야 했던 옹기장이들은 대부분 시력이 빨리 나빠졌다고 해.

불 때는 과정을 마친 뒤에도 가마 안에서 옹기를 바로 꺼내지 말고 서서히 식혀. 그래야만 옹기가 바깥 기온에 급히 차가워져 금이 가거나 깨지는 것을 막을 수 있거든.

옹기 가마 ⓒ silla kiln

옹기에 옷을 입히자!

옹기를 만들기 위해서는 여러 도구들이 사용돼. 그렇지만 손맛이 느껴지는 옹기의 자유로운 모양이나 문양을 보면 손만큼 중요하고 편리한 도구는 없을지도 몰라. 손가락 끝이나 마디를 이용해 무늬를 그리는
것을 '환치기' 또는 '환을 친다'고 해. 이 과정에서 옹기 표면의 잿물이 닦여 나가며 공기구멍이 활짝 열려 숨도 더욱 잘 쉬고, 문양도 아름다운 옹기가 되지.

옹기장이마다 솜씨가 달라서 방법과 문양이 모두 다르고, 지역마다 주로 그리는 문양도 차이가 있어.

형식에 구애받지 않고 손 가는 대로 그려진 옹기 문양은 구름, 물결, 풀꽃, 나비, 물고기 등 동식물뿐만 아니라, 기하학적 모양에서부터 글자에 이르기까지 매우 다양해.

옹기의 넉넉한 모습에 그려진 문양들은 소박하면서도 생동감이 넘치고, 자연스러우면서도 친근하여 우리 민족의 정이 느껴져.

• 글자 문양

글자 문양은 주로 서울과 경기 지역에서 많이 찾을 수 있어. 주로 복이나 장수를 기원하는 의미의 글자를 새겨 넣었다고 해. 네 번째 옹기에는 '수복강녕(壽福康寧)'이라는 한자가 표면에 빙 둘러 쓰여 있는데, 이는 오래 살고 복되며, 건강하고 평안하라는 의미를 담고 있어. 현재는 옹기 자체에 한자를 쓰는 경우가 드물기 때문에 만들거나 쓰이는 곳을 보기 힘들어.

• 나뭇잎과 풀꽃 문양

나뭇잎 문양

주로 전라도 지역의 항아리에 새겨진 문양이야. 자연에서 쉽게 구할 수 있는 나뭇잎을 잿물을 바르기 전에 붙이고 가마에 넣어 그대로 구워. 그러면 가마 속에서 나뭇잎은 타서 없어지고, 실제 나뭇잎이 날리듯 선명한 문양이 남아.

풀꽃 문양

옹기에 그려지는 대표적인 문양 중 하나야. 위 세 번째 사진의 풀꽃 문양은 주로 경기 지역과 충청도 지역 옹기에서 볼 수 있는데, 좌우가 대칭인 점이 특징이야.

네 번째 옹기에는 화사한 꽃 한 송이가 피었네! 옛날 장독대 옆에는 봉숭아, 맨드라미, 국화, 감나무 등을 많이 심어 놓았어. 옹기장이가 그 꽃을 생각하며 그린 것은 아닐까?

• 산 문양과 물결 문양

산과 파도의 물결을 나타낸 문양으로 산의 문양을 나타낸 것은 '산형문', 물결 문양은 '물결문'이라고도 불러. 주변 자연에서 이야깃거리를 얻어 손가락을 이용해 꾸밈없이 솔직하게 표현한 것이 특징이야. 또 하늘의 구름을 표현한 경우도 있어.

• 동물 문양

옹기 문양 중에는 동물의 모습을 그려 넣은 것이 많아. 물고기 문양에는 부자가 되고, 관직에 나가서 큰 인물이 되며, 아이를 많이 낳기를 바랐던 선조들의 마음이 담겨 있지. 새 문양을 그려서 기쁨과 장수, 자유를 바라는 마음을 표현하기도 했고.

동물 중에서도 게는 해안가에 접한 지역 옹기에서 많이 볼 수 있어. 옹기장이가 살고 있는 환경에서 문양의 소재를 떠올렸다는 것을 알 수 있지.

• 용수철 문양

옹기 표면에 손가락으로 그린 문양이 용수철과 비슷해서 붙여진 이름이야. 옹기에 잿물을 입힌 뒤, 빙글빙글 자유롭고 신나게 문양을 그렸을 옹기장이의 모습을 떠올려 봐.

• 닭꼬리 문양

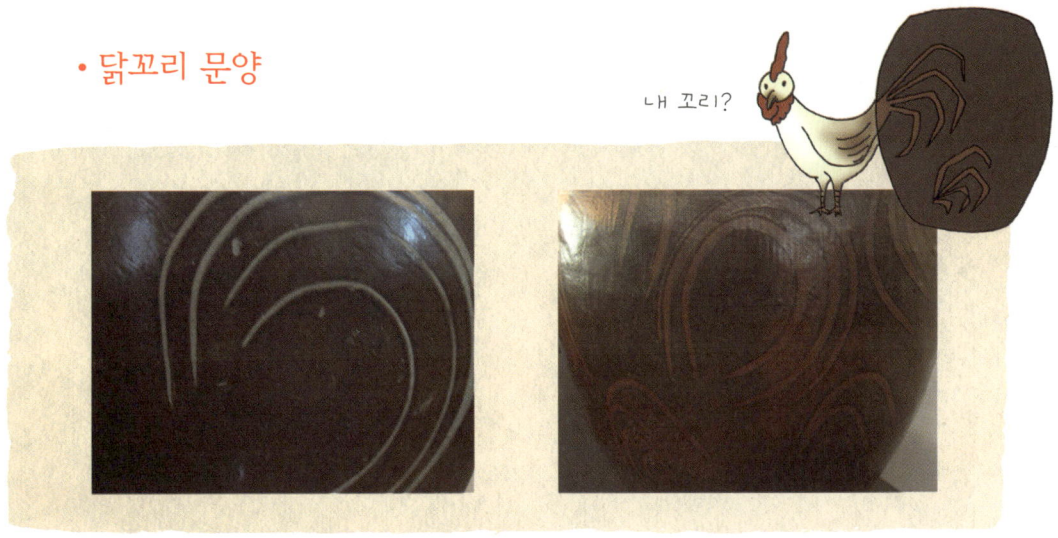

한 개 또는 여러 개의 선으로 그려진 곡선이 닭꼬리 문양과 비슷하다고 하여 닭꼬리 문양이라고 불러.

옹기 나르기

우리는 슈퍼마켓이나 시장, 백화점은 물론 홈쇼핑 등을 통해 일상생활에 필요한 물건을 비교하며 구입할 수 있는 편리한 세상에 살아. 그렇다면 교통수단이 발달하지 않았던 옛날에는 크고 무거운 옹기를 어떻게 깨뜨리지 않고 필요한 사람들에게 공급했을까?

강가에서 옹기를 운반하던 풍경

옛날에는 옹기를 만들고 파는 '옹기점'이라는 마을이 있었어. 옹기골, 도기점, 도기소라고도 불렀지. 주로 옹기를 만들기 위한 재료인 흙이 풍부하고, 가마의 연료로 사용되는 소나무나 장작을 쉽게 구할 수 있는 곳이면서 강가에 위치했어. 옹기점들이 강 가까이 있었던 것은 완성된 옹기들을 운반하는 데 강이나 바닷길을 이용했기 때문이야.

옹기를 옮길 때는 넝쿨 같은 재료를 가지고 옹기들을 서로 엮어 뗏목처럼 강에 띄웠어. 그런 다음 옹기장수가 그 뗏목 위에 올라서서 긴 작대기를 강바닥에 밀며 이동했어.

교통이 발달하지 못한 19세기 말 이전까지 배로 옹기를 배달하지 못하는 내륙 지방은 옹기장수들이 옹기를 직접 지게에 지거나 이고 다니면서 팔곤 했어. 그러다 보니 지방 곳곳에 옹기 시장이 자연스럽게 생기기 시작했어. 예전에는 서울에도 옹기점이 모여 있었고, 특히 마포나루에서 배와 뗏목을 이용해 한강, 남한강을 거슬러 이천, 여주와도 활발한 옹기 운송이 이루어졌어.

옹기장수와 다양한 옹기들

옹기들을 서로 엮어서 옹기 뗏목을
만들어 운반하던 모습

옹기를 배에 싣고 이동하는 풍경

옹기장수가 지게에 옹기를 이고 있는 모습

◯ 깨진 옹기도 다시 보자!

옹기가 스스로 숨을 쉰다는 비밀을 이제 모두 알게 되었지?

그래서 곡식이나 씨앗을 옹기에 보관하면 벌레도 잘 안 생기고, 음식물을 보관할 때 내용물이 쉽게 변하지 않아 오래 저장할 수 있어. 또한 옹기 스스로 맑고 깨끗하게 하는 정화 작용을 해 물두멍에 식수를 담아 두면 물속의 해로운 물질도 걸러 줘. 그리고 오랜 시간 물맛이 변하지 않고 시원하게 보관할 수 있는 장점이 있어.

그렇지만 오래된 옹기는 쉽게 금이 가거나 부분적으로 깨지기 쉬운 단점이 있어. 그래서 예전에는 옹기를 오래 사용하기 위해 미리 옹기 둘레에 철사나 대나무 테를 휘휘 감아 사용했어. 깨진 옹기의 벌어진 틈에 철심(ㄇ)을 박아 꼼꼼하게 연결한 뒤 다시 사용하기도 했지. 또한 손잡이처럼 떨어지기 쉬운 부분은 옹기와 같은 재질의 옹기 흙을 불에 녹여 깨진 부위에 덧발라 땜을 해 주기도 했어. 그러나 한 번 수리한 옹기는 아무리

  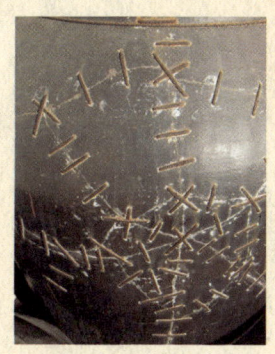

철사를 감은 옹기　　대나무 테를 두른 푸레독　　철심을 박은 옹기

　잘 고쳐도 물 같은 액체를 담으면 새어 나왔어. 그래서 곡식이나 씨앗을 담는 데 재활용하거나 주로 화분으로 사용했지.
　조선 시대 여인들의 생활 지혜를 담은 『규합총서』[1]에는 그 당시 사람들의 옹기 수리법이 기록되어 있어.

---

[1] 규합총서 : 1809년 여성 실학자 빙허각 이씨가 엮은 일종의 여성 생활 백과사전이야. 장 담그는 법이나 바느질 법에서부터 약 먹을 때 주의 사항, 무당에게 속지 않는 방법까지 의식주와 관련된 다양한 문제들을 체계적으로 정리했어.

같은 옹기 흙으로 떨어진 손잡이를 땜한 옹기

"파를 땅에 심은 채 두고, 그 잎의 뾰족한 부리를 문지르고, 대가리 흰 지렁이를 넣어, 그 즙으로 사기그릇, 질그릇을 붙인다."

"밀가루를 고운 수건에 쳐서 생 옻(옻나무에서 나는 끈끈한 물질) 맑은 것과 합하여 깨어진 벼룻돌과 질그릇을 붙인다."

"독그릇이 깨어진 데는 풀무에 쇠똥을 개어 막으면 좋고, 토란을 반은 설고 반은 익혀 꽤 문지르면 새지 않는다."

파나 밀가루, 쇠똥 접착제를 바른 독이라니, 상상이 돼? 이런 것들이 정말 효과가 있었는지는 모르지만, 여러 재료를 이용해 옹기를 살리고자 애쓴 우리 선조들의 노력을 읽을 수 있어.

 땜장이

「기산 풍속도」 중 '보따기유리'
(김준근 그림, 숭실대학교 한국기독교박물관 소장)

땜질용 접착제 (아교)

왼쪽은 조선 시대의 풍속화가인 김준근이 땜장이를 그린 작품이고, 그 옆은 땜질용 접착제 사진이야. 땜장이들은 달궈진 숯불을 담은 화로 안에 인두를 넣어 가지고 다녔어. 그러다 옹기를 땜질할 때면 사진에서 보이는 접착제를 인두로 녹여 옹기의 깨진 틈에 발랐어. 깨진 틈이 커서 접착제만으로 땜질이 안 되면 철사로 테를 둘러 더 단단히 고정시켜 주었지. 땜질용 접착제로는 아교, 송진, 납 등을 사용했는데, 지금 가정에서도 많이 사용하는 글루건이나 실리콘 심과 같은 역할을 했다는 것을 알 수 있겠지?

4장
이야기를 담은 옹기

생활 속 옹기 이야기

옹기는 쌀이나 물, 양념을 저장하거나, 술이나 오줌 등을 운반하거나, 떡이나 약을 제조하거나, 요강이나 재떨이로 쓰이는 등 쓰임새에 따라 실생활에서 다양하고 폭넓게 사용되어 왔어.

장독대에 나란히 놓여 장맛을 지켜 주기도 하고, 곡식을 담아 곳간을 풍성하게 해 주기도 하고, 부엌살림으로 어머니들의 일손을 편하게도 해 주고, 긴긴 겨울밤을 따뜻한 불로 밝혀 주기도 했지. 이렇게 우리 몸 가까이에 함께해 온 생활 속 옹기들의 이야기를 들어 봐.

장독대 풍경 ⓒ bzo

장독대 이야기

장독대는 정성스레 담은 장을 항아리에 넣어 보관하는 장소야. 그래서 집 안 마당 가운데서도 햇볕이 잘 들고 바람이 잘 통하는 장소를 골라 물이 잘 빠지도록 돌을 이삼 층 쌓아 만들었어.

장독대는 살림의 규모를 알 수 있는 기준이 되기도 했어. 장독대에 놓인 옹기의 수를 통해 그 집의 형편을 가늠한 거지. 예전에는 장독대를 집 안의 신성한 공간으로 생각하여 정화수를 떠 놓고 기도를 하기도 했어.

이런 장독대에는 어떤 이야기가 숨어 있을까?

• 버선 문양 항아리

옛 어른들은 장을 담그는 날이면 메주와 소금, 붉은 고추, 숯을 놓고 장독대 근처에서 고사를 지냈어. 그리고 숯과 고추를 새끼에 꼬아 독에 매어 두기도 했어. 붉은 고추는 장을 담글 때 쓰는데, 살균 효과가 있을 뿐 아니라, 고추의 붉은색이 해로운 것으로부터 장을 지켜 준다고 생각했거든. 숯은 정화 작용과 냄새를 제거해 주어 벌레나 병균을 제거하는 효과가 있었기 때문에 장에 넣기도 하고, 새끼줄에 엮어 매달아 두기도 했지. 버선 문양 항아리 역시 잡귀나 나쁜 기운들로부터 장을 지키는 역할을 했어.

버선 문양 항아리

조선 시대 궁중에서는 장독대를 장고라 불렀는데, 따로 장고마마라는 상궁을 두고 장고를 관리할 만큼 우리 선조들은 장을 중

요시했어. 또한 집안에 새로 며느리를 들였을 때 장맛이 변하거나 맛이 신통치 않으면 며느리를 잘못 들인 탓이라며 타박하기도 했고, 장맛이 좋아야 집안이 잘 된다고 믿을 정도였지. 그래서 버선 문양 항아리에는 집안에 새 며느리가 들어왔을 때 장맛이 변치 않도록 빌고, 혹 변하더라도 본래의 맛으로 되돌아오기를 바라는 의미 또한 담겨 있었어.

보통은 하얀 종이를 버선 모양으로 잘라 붙이는데, 실제 버선을 숯, 고추와 함께 새끼줄에 매달아 놓기도 했어. 이 흰 버선 문양은 햇빛을 반사시켜 항아리 안으로 들어오려는 벌레들을 쫓는 역할을 해. 그래서 '버선이 잡귀를 발로 밟아 쫓아낸다.'고 표현하기도 했어.

• **정화수 독 & 옹기 두꺼비**

집안에 크고 작은 일이 있을 때마다 어머니들은 새벽에 첫 우물 물을 길어 정화수 그릇에 담아 장독대 위에 올려놓고 기도를 하곤 했어. 이때 그릇을 올려 두던 독을 '정화수 독'이라 불렀어.

옹기 두꺼비

장독대는 식구들이 아프거나, 중요한 시험을 치를 때, 친정어머니가 시집간 딸이 시어머니에게 예쁨을 받고, 아들을 낳을 수 있도록 정성을 다해 기도하던 신성한 공간이었어.

장독대나 우물가에는 옹기로 두꺼비를 만들어 두기도 했어. 두꺼비가 자식을 많이 낳게 해 주고, 복을 가져다준다고 믿었거든.

「생활 일기」 (석철주 그림)

불의 검을 갖게 해 주세요.

바람의 아들이 되게 해 주세요.

곳간 속 옹기 이야기

곳간은 가을에 거두어들인 곡식을 보관하기 위해 지은 창고야. 농사를 짓고 추수해 거두어들인 벼를 저장해야 하기 때문에 습하지 않으며, 환기가 잘 되고, 쥐나 해로운 벌레가 접근할 수 없도록 만드는 것이 중요했어.

곳간에는 벼 이외에도 여러 살림살이를 보관했어. 날곡식이나 씨앗뿐 아니라, 헌 옷가지나 옷감들을 독이나 항아리에 담아 곳간 안이나 밖 처마 밑에 보관했지. 곳간은 때로 곶감이나 엿 같은 간식을 옹기에 담아 넣어 두는 냉장고와 보물 창고 역할을 하기도 했어.

이런 곳간 속 옹기들 안에는 어떤 이야기가 담겨 있을까?

• 업단지

옛날에는 장독대 밑이나 담장 안, 장작더미 밑에 구렁이나 두꺼비가 살았어. 한번 집안으로 들어온 구렁이나 두꺼비는 집의 재물을 지켜 주는 동물이라 믿어 함부로 해치거나 내쫓지 못했어. 특히 가을철 추수가 끝나고 나면 곳간이나 광에 곡식을 쌓아 보관했는데, 이때쯤 되면 집 안 이곳저곳에 살고 있던 쥐들이 먹을 것이 많은 광이나 곳간으로 모여 들었어. 또 겨울잠을 자는 뱀이나 구렁이들도 쥐를 따라 들어오곤 했지. 그래서 지혜로운 우리 조상들은 곳간이나 광의 구석진 곳에 항아리를 갖다

업단지

놓고 구렁이가 살 수 있는 보금자리를 마련해 주었는데, 이것이 바로 업단지야.

처음에는 작은 물동이나 깨진 항아리를 업단지로 사용했는데, 이런 풍습이 계속되면서부터 따로 업단지라 불리는 단지를 만들게 되었어. 구렁이가 편히 쉴 수 있도록 뚜껑도 만들어 덮어 주었지.

• 씨앗통

씨앗통은 농사에 쓰일 씨앗을 보관하던 옹기야.

나무를 깎아 만든 뚜껑으로 구멍을 막고, 공기가 잘 통하는 질그릇으로 만들어져 가을에 곡식을 수확하고, 다음 해 봄에 새로 씨앗을 뿌릴 때까지 씨앗을 썩지 않게 보관할 수 있어.

씨앗통은 담는 씨앗에 따라 배추씨를 담아 두면 '배추 씨앗통', 무씨를 담아 두면 '무 씨앗통', 수박씨를 담아 두면 '수박 씨앗통'이라고 불러.

씨앗통

• 젓갈독

새우나 멸치, 조개 같은 어패류를 소금에 절여 숙성시킨 새우젓, 멸치젓, 조개젓 등의 젓갈류를 저장하는 용기야. 대부분 길쭉한 원통형인데, 밑바닥에 비해 입이 더 넓은 편이야.

젓갈독

일상생활 속 옹기 이야기

석유나 전기가 없던 옛날에는 우리가 일상생활에서 사용하는 선풍기나 에어컨, 난로나 온풍기 같은 가전제품은 물론, 주변을 환하게 밝혀 주는 전기 조명도 찾아볼 수 없었겠지?

지혜로운 우리 조상들은 한여름의 더위와 추운 겨울날의 한기를 어떻게 견딜 수 있었을까? 그 비결을 밝혀 보자!

• 모기불통

한여름에 창문이나 방문을 열어 놓고 자면 꼭 모기가 나타나 우리 주변에서 맴돌곤 하잖아?

우리 조상들도 모기의 접근을 막기 위해서 모기불통이라는 구멍 뚫린 옹기를 만들어 사용했어. 쑥 같

은 냄새 나는 풀을 불통 안에 넣고 종이부채를 이용해 불을 붙여 주면, 윗부분의 구멍을 통해 연기가 뿜어져 나오기 시작하는데, 이 연기가 점점 주변으로 퍼져서 모기를 쫓아 주었지. 집 마당에 있는 평상에서 식사를 하거나 도란도란 이야기를 나눌 때 옆에 놔두고 사용했어.

모기불통

• 화로

추운 겨울 밤, 숯불이 가득 담긴 화로에 군밤과 고구마를 구워 먹으며 할머니의 옛날이야기를 듣는 모습이나, 아랫목에 이불을 덮고 모여 앉은 따뜻한 풍경이 머릿속에 그려지니?

전자레인지나 가스레인지가 없던 시절, 화로는 찌개 같은 음식을 데우거나 끓이는 데도 사용하고, 아궁이에 불을 지필 때도 화로에 보관해 둔 불씨를 이용했다고 해. 난로 대신 방 안의 공기를 따뜻하게 만들어 주기도 하고, 전기다리미 대신 화로 속에 인두(쇠로 만든 바닥이 반반하고 긴 손잡이가 달린 옛 다리미)를 달궈서 그 열로 옷을 다리기도 했지.

화로

• 호롱과 등잔집

호롱은 불을 밝히는 데 쓰는 그릇이야. 작은 병 모양으로 몸체 옆에는 손잡이를 달아 가지고 다니기 편리하게 했어. 아랫부분은 참기름, 콩기름, 들기름 같은 기름을 담을 수 있도록 되어 있고, 위 뚜껑에는 심지를 만들어 꽂아 불을 붙일 수 있도록 구멍을 내 주었지. 호롱의 심지는 무명천이나 한지를 꼬아 만들었고, 기름을 빨아들일 수 있게 했어. 호롱의 불은 바람이 불면 쉽게 꺼지기 때문에 밖에서 사용할 때는 등잔집에 넣어서 사용했는데, 주로 부엌에서 사용했기 때문에 부엌등이라고도 불렀어.

호롱 호롱을 넣은 등잔집

• 약손

'엄마 손은 약손'이라는 말이 있지? 항상 우리를 따뜻하게 보살펴 주는 엄마의 손길이 아픈 곳을 어루만지면 금방이라도 스르르 나을 것만 같잖아.

약손은 이렇게 아픈 곳을 어루만져 주는 손을 뜻해. 예전에는 가정에서 아이가 갑자기 배가 아플 때 옹기로 만든 약손을 화로 안에 넣고 따뜻하게 만든 뒤, 배에 문질러 주었어.

약손

• 요강

방 안에 두고 용변을 보던 용기야. 예전에는 화장실이 모두 집 밖에 있어서 방 안에 임시 화장실로 요강을 두고 사용했어. 잠자는 방을 중심으로 안방, 사랑방, 골방 등에 각각 놓고 썼는데, 한 방에서 잠자는 사람의 수에 따라 요강의 크기도 큰 것, 중간 것, 작은 것으로 달랐어. 또한 여자가 시집갈 때 가져가는 혼수품의 하나였다고 해.

요강

• 83 •

• 필세

쓰고 난 붓의 먹물을 씻어 내는 그릇이야. 크기는 요즘의 물 컵과 비슷해. 입이 넓고 배가 부른 형태로 붓을 헹궈 내기가 편리하도록 되어 있어.

필세

• 연적

연적

벼루에 먹을 갈 때 필요한 물을 담아 두는 그릇이야. 사람, 개구리, 오리 같은 동물 모양, 복숭아, 집, 팔각형 등의 물체형이 있어. 왼쪽 사진의 연적은 자라 모양을 하고 있어.

• 숯불다리미 받침

전기다리미가 쓰이기 전에 사용되었던 숯불다리미를 안전하게 놓아두던 받침대야.

숯불다리미받침

부엌 속 옹기 이야기

옛 부엌은 아궁이를 통해 밥 짓기와 난방을 한꺼번에 담당했던 곳이고, 집안 살림을 꾸려 가는 어머니나 며느리에게 있어 가장 중요한 공간이었어. 그래서 햇빛이 잘 들어오고, 바람도 잘 통해야 하며, 자주 드나들기 편한 위치에 만들어졌지. 그리고 옹기가 가장 많이 쓰이던 공간이기도 했지.

• 간장단지

예전에는 장독에서 간장단지에 간장을 담아 와 부엌에 두고 필요할 때마다 종지에 따라 썼어. 입이 넓거나 깔때기 형이어서 많은 양의 간장을 담기에 편리했지. 어깨에는 귀때가 달려 있어서 종지에 간장을 따르기 쉬웠어.

간장단지

• 양념단지

소금, 깨, 고춧가루, 후춧가루 같은 양념을 담아 사용하는 단지야. 다음 장의 사진을 보면 우리가 흔히 보는 양념단지와 달리 여러 개의 단지가 붙어 있어. 이렇게 여러 개의 양념단지를 묶어 사용하는 것을 다단지라고 해. 각 단지마다 여러 가지 양념을 넣어 사용하고, 운반하기 편리하도록 단지와 단지를 연결시키고 손잡이를 달아 놓았어. 단지의 개수에 따라 이단지, 삼단지, 사단지, 오단지까지 종류가 다양해. 특히 오단지는 부유한 가정에서 많이 사용했어.

이단지

삼단지

사단지

오단지

• **초병**

식초를 만드는 데 사용하던 용기야. 쉰 막걸리나 먹다 남은 감주를 더 발효시켜 식초를 만들어 내는 슬기로운 도구지. 따뜻한 부뚜막 한편에 감주나 막걸리를 담은 초병을 놓아두면, 2주일쯤 지나 초병 부근에 초파리가 모여들어. 막걸리가 발효되어 식초가 잘 만들어졌다는 뜻이라고 해. 옛 부엌의 조미료는 간장, 된장, 고추장, 소금, 고춧가루 정도가 전부여서, 식초는 아주 독특한 맛을 내는 조미료 중 하나였어.

초병

• 간수통

두부를 만들기 위해서는 '간수'라고 하는, 습기가 찬 소금에서 저절로 녹아 흐르는 짜고 쓴 물이 필요해. 이 간수를 만드는 용도로 사용한 것이 바로 간수통이야.

간수통에 넣은 천일염이 공기에 녹으며 간수가 만들어지는 원리를 이용했어. 평상시에는 양옆의 구멍을 짚으로 막아 놓고, 간수가 필요할 때마다 구멍을 열어서 공기가 통하게 해 주면 천일염이 녹아내려 간수가 완성돼. 이렇게 녹아 내린 간수를 통의 밑부분에 뚫린 구멍에서 받아 내면 돼.

간수통

• 동이

수도가 없던 시절에는 우물이나 시냇가에서 물을 길어 와 사용했어. 이때 물을 담아 이동할 때 사용하던 옹기를 동이라고 해. 어머니들은 매일 아침 일찍 일어나 동이에 물을 길어 부엌에 있는 물두멍에 채우는 것이 일과였고, 여자아이들도 여섯 살 정도 되면 동이보다 작은 '아기동이'를 머리에 이고 물 긷는 법을 배웠다고 해. 동이의 밑부분을 보면 조금씩 흠이 나 있는 것이 있는데, 이것은 물두멍에 부을 때 생긴 상처 자국이야. 물이 담긴 동이는 물두멍에 받치고 부어야 했을 정도로 무거웠기 때문이지.

동이

물두멍

• 물두멍

어린 여자아이나 어머니들이 동이나 지게로 나른 물은 집 안에 둔 물두멍에 담아 사용했어. 갓 길어 온 물 안에 들어 있는 불순물을 가라앉혀 깨끗하고 맑은 상태로 마시기 위해서였지. 또한 여러 번 물을 길러 가는 번거로움을 덜고자 함이었어.

• 겹단지

냉장고가 없던 시절, 음식을 시원하게 보관하기 위해 만들어진 옹기가 하나 있어. 겹단지 또는 겹오가리라고 부르는 옹기야. 이 옹기는 입과 띠 사이의 오목한 둘레에 물을 채워 단지의 윗부분을 식혀 주도록 만들어졌어. 오목한 둘레를 잘 살펴보면 양쪽에 구멍이 뚫려 있는데, 물을 채워 넣을 때는 이 구멍에 나뭇가지를 꽂아 구멍을 막았어. 그리고 고여 있던 물이 미지근해지면 나뭇가지를 빼 내어 물을 빼고 다시 찬물을 넣었지. 이렇게 수시로 찬물을 갈아 주면 안에 있는 음식물이 상하지 않을 뿐 아니라, 벌레들도 쉽게 들어가지 못했어. 보통 우물가 한쪽에 두고 수시로 물을 갈아 주었는데, 선조들의 기발한 생각이 돋보이는 옹기 중 하나야.

겹단지

• 확과 확독

음식의 재료를 갈 때 사용하던 옹기야. 고추, 마늘, 보리 등의 곡식이나 양념 등을 갈 수 있게 만든 그릇을 확독이라 하고, 어른 주먹만 한 크기의 손잡이 모양을 확이라고 해. 확독의 안팎 표면에는 내용물이 서로 잘 갈아지도록 오목하고 볼록한 요철 문양이 새겨 있어.

확독과 확

• 시루와 도둑시루

시루는 떡이나 쌀, 약초를 찔 때, 콩나물을 기를 때 쓰는 둥근 질그릇이야. 바닥에 구멍이 여러 개 뚫리고 바깥쪽엔 손잡이가 달려 있어. 떡을 만들기 위해서는 물이 담긴 솥 위에 떡 재료를 담은 시루를 얹어 놓고, 솥에 불을 지펴 물을 끓여. 그

콩나물 시루

러면 물이 끓으며 나오는 수증기로 인해 떡이 익게 되지.

도둑시루는 일반 떡시루보다는 높이가 낮고, 크기도 작으면서 바닥에 굽이 붙어 있어. 가마솥 안에 시루를 직접 넣어 작은 양의 음식을 해 먹기 편리하고, 솥뚜껑을 덮으면 시루 전체가 감춰져서 아무도 모르게 떡이나 감자 등을 쪄 먹을 수 있었다고 해. 배고픈 시절, 아기를 가진 며느리가 시어머니 몰래 음식을 만들어 먹었다 해서 붙여진 재미있는 이름이야.

• 옴박지, 풍로와 솥

옴박지는 쌀, 보리 같은 곡식이나 채소를 씻고, 설거지를 하는 데 사용한 그릇이야.

풍로는 앞쪽 아래에 아궁이가 있고, 위에는 작은 솥이나 냄비를 올려놓

고 불을 때도록 만들었어. 이동하기가 간편해서 잔칫날에 부엌 밖에서 음식을 조리하거나, 방 안에서 약을 달일 때 사용되었지.

솥은 밥을 짓거나 국을 끓이던 용기로 주로 부뚜막에 걸어 놓고 사용했어. 옹기솥에 밥을 하면 질밥통과 마찬가지로 밥맛이 좋을 뿐 아니라 보온성도 뛰어났어.

옛 어른들은 옴박지에 쌀을 씻어 옹기로 만든 솥에 담고, 아궁이처럼 생긴 풍로 위에 그 솥을 올려 맛있는 밥을 지었대.

가스레인지나 전기밥솥이 없던 시절, 어머니들이 어떻게 밥을 했는지 상상할 수 있겠지?

• **약탕기**

한약재를 오랜 시간 은근히 우려내는 데 사용된 그릇이야. 들고 내리는 데 편리하게 하기 위해 몸체에 손잡이를 달았어.

약탕기

• **밀주독**

쌀이 귀하던 시절, 일반 집에서 술을 빚는 것이 금지되던 때가 있었어. 몰래 집에서 술을 담그다가 감시관에게 들키면 큰 벌금을 내야만 했지. 그러나 집안 행사 때 쓰기 위해 몰래 술을 담그는 경우가 있었어. 그때 감시관들을 속이기 위해 밀주

분리한 밀주독
(왼쪽이 방퉁이, 오른쪽이 바탱이)

독을 사용하는 일이 유행했어. 밀주독은 두 개의 옹기가 포개져 있는 형태로 방퉁이(아래)와 바탱이(위)로 구성되어 있어.

방퉁이에 몰래 술을 담고, 바탱이에 김치나 장을 담아 놓으면, 시찰 나온 감시관들도 바탱이에 담긴 김치를 보고 김칫독으로 생각하여 단속을 피할 수 있었다고 해.

• 좀두리 쌀독

'좀두리'라는 말은 '작은'이라는 뜻으로, 좀두리 쌀독은 작은 쌀독을 말해. 좀도리 쌀독이라고도 불러.

쌀을 현금으로 바꿀 수 있었던 옛날, 부엌에서 밥을 짓던 며느리는 시어머니가 내 주시는 쌀바가지에서 한 움큼의 쌀을 몰래 따로 빼어 좀두리 쌀독에 넣고 저축을 했다고 해. 그 쌀이 드디어 항아리에 가득 채워지면, 며느리는 쌀을 들고 시장에 가서 팔고, 교환한 현금으로 평소에 갖고 싶었던 옷감이나 비녀, 비단, 화장품, 빗 등을 사서 썼어.

좀두리 쌀독

우리 속담 속 옹기 이야기

우리나라 속담에는 옹기와 관련된 이야기가 많아. '독 안에 든 쥐', '뚝배기보다 장맛이다.'처럼 말이야. 이런 속담 속에 담긴 뜻이 무엇인지 함께 생각해 보자!

옹기장수가 옹기를 팔러 다니는 모습

• 독 안에 든 쥐

옛날에는 옹기로 만든 독에 쌀을 담아 두고, 밥을 지을 때마다 퍼서 사용했어. 그런데 먹이를 찾는 쥐들이 쌀독 속에까지 몰래 숨어 들어가는 일이 많았다고 해. 하지만 쥐가 들어가면 미끄럽고 깊은 옹기벽 때문에 다시 나오기가 어려웠겠지?

옛 어른들은 쌀독 속의 쥐처럼 매우 어려운 일을 당해서 해결할 수 없을 때 '독 안에 든 쥐'라고 이야기했어.

질로 된 쌀독

• 등잔 밑이 어둡다

앞에서 나온 호롱을 기억해? 호롱이 등장하기 전에는 등잔이라는 작은 종지 형태의 옹기에 기름을 부은 뒤, 심지를 담그고 불을 붙여 사용했어. 등잔은 나무나 옹기로 만들어진 등잔대에 끈으로 매거나 올려놓고 사용했는데, 등잔에 불을 켜면 방 안은 환해졌지만, 등잔 바로 아래쪽에 커다란 그림자가 생겼지. 이 모습을 보고, 옛 어른들은 가까이 있는 사람이 어떤 상황이나 대상에 대해서 멀리 있는 사람들보다 오히려 더 모른다는 뜻으로 '등잔 밑이 어둡다.'라고 했던 거야.

• 뚝배기보다 장맛이다

외모보다는 실속이 좋다는 의미로 쓰이는 속담이야. 뚝배기는 밥 그릇, 국 그릇, 반찬 그릇, 접시 등 음식을 먹을 때 사용하는 옹기그릇을 통틀어서 부르는 말이야. 사기그릇보다 색깔이 화려하거나 문양과 장식이 많지 않아서 볼품없어 보일 수도 있지만, 안에 담긴 음식 맛이 좋은 것은 사기그릇도 따라올 수가 없어. 된장찌개나 설렁탕을 뚝배기에 끓이면 뚝배기의 숨구멍에 스며들어 그 맛을 오랫동안 유지할 수 있거든. 또 뚝배기의 보온성 때문에 밥을 다 먹을 때까지 국이나 찌개를 따뜻하게 먹을 수 있지. 이렇듯 실용성도 좋고, 가격도 사기그릇보다 저렴했던 옹기를 많은 사람들이 사용했던 것은 당연한 일이었겠지?

• 장독에 메밀꽃이 일면 장맛이 좋다

옹기가 하얗게 변하는 걸 소금쩍이라고 불렀던 것 기억나? 옹기들이 숨을 쉴 때 소금기가 밖으로 배어 나온 흔적들 말이야. 옛 어른들은 이 모습을 메밀꽃에 비유했어. 하얗고 조그만 꽃송이들이 사방으로 피어 있는 메밀꽃의 모양을 상상해 봐. 정말 예쁘겠지? 소금쩍이 생겨서 장독에 메밀꽃이 핀다는 것은 장독이 공기가 잘 통해 장이 잘 익고 있다는 뜻이야. 당연히 장맛은 좋을 것이고 말이야.

짧은 글 한 줄도 시처럼 표현하는 우리 조상들의 여유와 멋스러움을 엿볼 수 있는 속담이야.

• 귀가 항아리만 하다

　전래동화 '별난 당나귀 타기'를 보면, 아버지와 아들이 당나귀를 팔러 시장에 가는 이야기가 나와. 시골길을 걸어가는 동안, 아버지와 아들 중 누가 당나귀를 타고 가는 것이 옳은지에 대해 주변 사람들이 한마디씩 하지. 아버지가 당나귀를 타고 가면 어리고 약한 아들을 태워야 한다고 하고, 아들이 당나귀를 타고 가면 어른을 공경하기 위해 아버지가 타야 한다고 말이야. 아버지와 아들은 계속 사람들의 말대로 하다가 결국에는 시장에 도착하지도 못하고 당나귀만 개울에 빠뜨려 잃어버려.

　'귀가 항아리만 하다.'는 속담은 이 이야기처럼, 다른 사람의 말을 맞는지 생각하지도 않고 무조건 받아들이는 어리석은 모습을 말해.

　무엇이든지 신중하게 결정해야 한다는 교훈을 주는 속담이야.

• 이왕 깨지려거든 질동이

이왕에 깨지려거든 다른 것보다는 질그릇으로 된 동이가 깨지라는 말로, 귀한 것에 비해 그다지 훌륭하지 않고 대수롭지 않은 것을 뜻할 때 사용한 말이야.

몇몇 속담들 중에는 옹기를 귀하지 않고 품질이 떨어지는 것처럼 표현한 것도 있어. 이것은 옹기 자체의 값어치를 낮게 생각한 것이라기보다는 사람들의 생활 속에서 아주 흔하게 사용된 물건 중 하나를 뜻한 것이라고 할 수 있어.

질동이

• 밑 빠진 독에 물 붓기

'콩쥐팥쥐' 이야기를 모르는 사람은 거의 없겠지? 새엄마와 동생 팥쥐의 구박에도 착한 마음을 잃지 않는 콩쥐의 이야기 말이야. 그런데 이 이야기를 읽어 보면 새엄마가 콩쥐에게 밑 빠진 독에 물을 가득 부어 놓으라는 장면이 나와. 콩쥐는 물을 채우기 위해 애쓰지만, 독의 깨진 부분으로 붓는 물이 모두 새어나가고 말지. 다행히 콩쥐는 두꺼비가 나타나 깨진 부분을 몸으로 막아서 무사히 독에 물을 채울 수 있었어. 하지만 두꺼비가 없었다면 아무리 애쓴들 모두 헛일이 되었겠지?

물두멍

아무리 노력하고 정성을 쏟아도 보람 없이 헛된 일이 되는 상태를 옛 어른들은 '밑 빠진 독에 물 붓기'라고 말씀하셨단다.

두껍아, 두껍아,
헌 독 줄게
새 독 다오~

내 자리는
저기인데……

○ 옹기를 직접 볼 수 있는 곳

옛 조상의 지혜와 숨결이 담긴 옹기를 찾아 같이 한번 떠나 볼까?

역사의 흐름을 직접 볼 수 있는 박물관과 전통을 이어 가며 지금도 옹기를 만들고 있는 옹기 마을을 함께 둘러보자.

물론 박물관에서만 우리의 옹기를 볼 수 있는 것은 아니야. 할머니가 갖고 계신 옹기를 세심히 살펴보는 것도 좋고, 현대 생활에 맞도록 새롭게 제작되는 생활 옹기들을 살펴보는 것도 좋은 경험이 될 거야.

한향림 옹기박물관

• 경기 지역

한향림 옹기박물관 (경기도 파주시 탄현면 법흥리 1652-577, 헤이리 예술마을)

• 충청 지역

청주 옹기박물관 (충청북도 청주시 상당구 명암동)
대전 동산 도기박물관 (대전광역시 서구 도마동 107-1)

• 전라 지역

원광대학교 박물관 (전라북도 익산시 익산대로 460)

• 경상 지역

외고산 옹기마을 (울산광역시 울주군 온양읍 고산리 501-18)
옹기문화관 (울산광역시 울주군 온양읍 고산리 512-4)

• 제주 지역

제주 옹기마을 (제주특별자치도 제주시 한경면 조수리 3786-2)
제주 옹기박물관 (제주특별자치도 서귀포시 대정읍 구억리 889-1)

찾아보기 ····

ㄱ

간수통 • 87
간장단지 • 85
거북병 • 33
겹단지 • 88
곤메 • 47
근개 • 49
깨끼칼 • 47

ㄴ

나무 밑판 • 48
나무독 • 29

ㄷ

도개 • 49
도둑시루 • 89
도장 • 51
동이 • 87
돼지 저금통 • 40
들보 • 51
등잔 • 95
등잔대 • 95
등잔집 • 82

ㅁ

모기불통 • 80
물가죽 • 50
물두멍 • 88, 99
물레 • 48
미꾸라지 잡이통 • 42
밀주독 • 91
밑가새칼 • 48

ㅂ

방망이 • 49
방퉁이 • 28
버선 문양 항아리 • 75
버치 • 28
벌통 • 39
병아리 물병 • 40

ㅅ

샘틀 • 43
소래기 • 28
소매통 • 37
송진독 • 35
솥 • 90
수레 • 49
숯불다리미 받침 • 84
시루 • 89
쌀함박 • 33
씨앗통 • 79

ㅇ

약뇨병 • 36
약손 • 83
약탕기 • 91
양념단지 • 85
업단지 • 78
연가 • 38
염전바닥 • 43
옴박지 • 90
옹기 두꺼비 • 77
요강 • 83

ㅈ

장군 • 36
저울추 • 43
젓갈독 • 80
정금대 • 50
정화수 독 • 77
좀두리 • 28
좀두리 쌀독 • 92
종이독 • 29
주꾸미 잡이통 • 41
중두리 • 28
질독 • 25
질밥통 • 25
질시루 • 25
질로 된 쌀독 • 94

ㅊ

초병 • 86
체 • 46

ㅋ

콩나물 시루 • 89
큰독 • 28

ㅌ

타구 • 42

ㅍ

풍로 • 90
필세 • 84

ㅎ

호롱 • 82
홍도 빗물항아리 • 34
화로 • 81
확 • 89
확독 • 89
활 • 50